DÉMÊLER LE VRAI DU FAUX

Démêler le vrai du faux

AUTEUR
Gaëtan Serra

ILLUSTRATEUR
Gonzalo Izquierdo

AVEC LA PARTICIPATION ET LES CONSEILS
SCIENTIFIQUES D'ISABELLE PITRE

palette...

PERSONNAGES

Eliott

Ce jeune adolescent, souvent dans la lune, est un passionné d'art. Fils du conservateur du musée de la ville, il est devenu expert en signatures d'artistes.

Mayssa

Sportive et téméraire, Mayssa est la dernière d'une fratrie de cinq. Sa passion pour le dessin est son seul point commun apparent avec Eliott.

Mahieddine

Mahieddine est l'aîné de la fratrie, mais pas forcément le plus raisonnable. Ses « talents » en informatique sont souvent très utiles à sa sœur Mayssa.

Maria Szana

Mécène et organisatrice d'expositions, Maria est une amie de longue date du père d'Eliott.

Romain Turseaux

Intermédiaire en tout genre, Romain dispose d'un long carnet d'adresses. Lui et Maria se connaissent depuis l'enfance.

Étienne Lejeune

Marchand d'art et excellent orateur, Étienne a une sacrée réputation dans le monde de l'art et un look à part.

Dans la même collection...

CHAPITRE 1

Comme tous les mercredis, Mayssa sortait du dojo, épanouie. Après un intense entraînement où elle avait projeté ses adversaires au tapis, elle finissait toujours lessivée, mais c'était une fatigue agréable. Elle avait trouvé dans le sport de combat de quoi se défouler et utiliser son trop-plein d'énergie. Ce n'était pas pour déplaire à son professeur : la jeune adolescente était une brillante athlète. Même si au départ elle avait été difficile à canaliser, sa pratique aujourd'hui imposait le respect : elle concourait aisément en compétition dans les catégories d'âge supérieur.

D'habitude, elle flânait avant de rentrer à la maison ; elle allait parfois à la librairie acheter quelques mangas ou rejoignait à la piscine sa meilleure amie du collège, Leïla. Mais ce jour-là, elle ne s'attarda pas. Elle devait retrouver Eliott dans la grande galerie du château. Et, le connaissant, il devait déjà l'attendre impatiemment…

*

– Mais qu'est-ce qu'elle fait ? maugréa Eliott dans son coin, en regardant par la fenêtre.

– Tout va bien ? demanda une belle et grande femme, aux longs cheveux bruns.

– Oui, oui, madame Szana.

– Tu peux m'appeler Maria, tu sais, dit-elle avec un large sourire malicieux. Même si je ne te vois pas souvent, je te connais depuis que tu es né.

Il sourit poliment à son tour avant de détourner le regard pour observer l'arrivée des tableaux dans la pièce. Les œuvres d'art défilaient dans une chorégraphie millimétrée.

– Je vous remercie de nous donner le droit d'assister à l'arrivée des tableaux et à leur installation, ajouta-t-il. J'espère juste que Mayssa sera là avant que tout soit fini.

Quelques minutes plus tard, la jeune adolescente se présenta aux portes du château, et Eliott put enfin dévoiler le contenu de la surprise qu'il avait préparée pour son amie. Pour la remercier de son aide sur la dernière enquête, il voulait l'introduire un peu plus au milieu de l'art dans lequel il baignait depuis l'enfance. Tous deux allaient pouvoir admirer en avant-première des œuvres de grands artistes, guidés par la maîtresse des lieux. Pour la première fois, Mayssa se trouvait au cœur du montage d'une exposition et elle avait le sentiment d'être privilégiée. Certains dessins l'impressionnaient vraiment. En un coup d'œil, elle aimait ou détestait ce qu'elle avait devant les yeux.

Entreposée dans un coin, soigneusement emballée mais laissée à vue, elle s'arrêta devant une estampe japonaise.

– Tu aimes ? demanda Eliott.

– J'adore, répondit-elle. C'est le parfait mélange de nos goûts. Du Japon pour moi… et du poussiéreux pour toi !

– Je n'aurais pas dit cela comme ça… mais je partage ton avis !

Alors que les murs se paraient d'art, Mme Szana invita les deux adolescents sur le perron du château pour accueillir une nouvelle livraison.

– Je me suis fait plaisir avec cette exposition, se confia l'organisatrice. J'ai sollicité tous mes contacts pour faire venir des quatre coins du monde des œuvres d'exception ! Pendant des années, j'ai parcouru la planète et j'ai vu beaucoup de jolies choses. J'ai tenu une liste de beautés que j'aimerais bien réunir quelques semaines et offrir aux yeux du grand public. On verra s'ils arrivent à me trouver tout cela !

– Vous avez fait un caprice, en quelque sorte ? intervint la jeune adolescente.

– Mayssa ! ragea Eliott, lui donnant un petit coup de coude.

– Ton amie a tout à fait raison, rit Maria. J'ai peut-être eu la folie des grandeurs mais cet événement sera de toute beauté. Il célébrera l'amour sous toutes ses formes. Regardez ce lieu ! Et ces tableaux !

Une camionnette arriva sur le parvis du château et trois hommes en descendirent. Les deux premiers, de grands gaillards, se chargèrent de porter une peinture scellée dans un imposant étui de protection, avec un soin particulier dans leurs mouvements. Le troisième, bien moins costaud, s'approcha du trio avec un grand sourire. Il portait un costume impeccable, comme s'il se présentait à un rendez-vous très important.

– Maria, comme je suis content de te voir. Cela fait longtemps…

Il l'étreignit chaleureusement.

– C'est bien vrai. Mais tu n'as pas changé ! répondit l'organisatrice, le prenant à son tour dans ses bras. Laisse-moi te présenter Eliott, un véritable amateur d'art, et Mayssa, son amie. Ce sont nos invités spéciaux pendant l'accrochage. Eliott, Mayssa ; voici Romain Turseaux. Il fait partie des nombreuses personnes que j'ai missionnées. Mais je ne sais pas ce qu'il a rapporté de ma liste de vœux. J'ai demandé qu'il garde la surprise jusqu'au dernier moment.

Elle se retourna vers son ami.

– Alors, qu'as-tu apporté ?

L'homme en question paraissait très impressionné par le luxe du lieu et ses retrouvailles avec Maria ; il n'avait pas l'air d'être un professionnel du milieu. Il ordonna un peu maladroitement aux deux autres de déplacer le colis à l'intérieur du château et tous les suivirent. Dans la galerie, le nouvel arrivant se désintéressa des tableaux qui commençaient à être accrochés, ce qui intrigua Mayssa. Cependant, il trépignait d'impatience à l'idée de dévoiler la raison de sa venue. Ses hommes de main posèrent délicatement la caisse sur une large table.

Sous les yeux de Mme Szana, Turseaux l'ouvrit et ôta les protections qui empêchaient la vue du splendide tableau.

– Un tableau de Sergin ! s'écria Eliott.

– Tu as pu le retrouver, murmura Maria… Il est comme dans mon souvenir, splendide ! Comment as-tu fait ?

– N'y a-t-il personne pour m'accueillir, ici ? entendit-on au même moment, à l'autre bout de la pièce.

Tout le monde se retourna pour observer l'homme qui venait d'interrompre aussi grossièrement leur conversation. Ce dernier avait un look pour le moins original : cheveux longs sous un grand chapeau, grosse barbe fournie, un interminable manteau en fausse fourrure et d'épaisses lunettes de soleil. Il ressemblait à un cow-boy qui serait miraculeusement arrivé au château.

– Excusez-moi, je peux vous renseigner ? dit Maria en s'approchant de l'énergumène.

– Je viens m'assurer en personne de la livraison d'un tableau pour Mme Szana. Je suppose que c'est vous. Mes hommages.

– Et vous êtes ?

– Étienne Lejeune. Intermédiaire et marchand d'art, entre autres activités. Je me suis déplacé en personne parce que je souhaitais vous rencontrer. Je suppose que ma réputation me précède et que le plaisir est réciproque.

– Il ne manque pas de toupet celui-là… chuchota discrètement Mayssa à Eliott.

– J'ai vaguement entendu parler de vous, oui. Que m'apportez-vous ?

– J'ai appris, par contacts interposés, que vous recherchiez certaines œuvres. Grâce à mon expérience et à mon savoir-faire, je suis parvenu à mettre la main sur une pièce d'exception. Il m'a été très difficile de me la procurer, mais je ne doute pas que vous l'apprécierez à sa juste valeur…

Étienne Lejeune savait bien entretenir le suspense.

– Vous pouvez nous la montrer ? lâcha Eliott, trépignant d'impatience.

– Bien entendu, jeune homme, répondit Étienne en lui adressant un clin d'œil.

Ses hommes de main déballèrent le précieux tableau et, dans une mise en scène presque théâtrale, Lejeune attendit que tous les spectateurs aient les yeux rivés sur lui. Non sans fierté, il retira la couverture qui protégeait la peinture et scruta la réaction du quatuor qui lui faisait face.

Après quelques instants de flottement, devant leurs regards ébahis, il reprit la parole.

– Il est époustouflant, je sais…

Maria, Romain et les deux collégiens se tournèrent vers la large table, puis vers le marchand d'art. Une fois, deux fois, trois fois. Histoire d'être bien certains.

– C'est exactement le même tableau, finit par lâcher Eliott, mettant ainsi des mots sur ce que tous redoutaient. Ce n'est pas possible !

– Il doit y avoir une erreur, dit Maria, regardant alternativement ses deux bienfaiteurs.

– Erreur… peut-être, chuchota Mayssa à l'oreille de son ami, mais enquête… sûrement !

CHAPITRE 2

Passé la stupéfaction, Maria réclama à ses deux intermédiaires quelques explications. Une chose était certaine : il n'existait qu'un seul exemplaire de ce tableau. Alors comment pouvait-il se trouver sur la table, juste derrière, et dans les mains du marchand d'art ?

– Quelqu'un pourrait m'éclairer, s'il vous plaît ? demanda Mme Szana.

Comprenant le malaise qui traversait la pièce, Lejeune s'approcha et découvrit avec effroi « l'autre » tableau, en tous points identique au sien. Il se tourna ensuite vers Turseaux, le dévisageant de haut en bas.

– Qui êtes-vous, cher monsieur ?

Aucun mot ne pouvait sortir de sa bouche, il n'avait aucune explication valable à donner. Maria vola à son secours.

– C'est un ami.

– J'en déduis que c'est lui qui vous a apporté ce faux, chère madame. Vos fréquentations sont probablement à revoir.

– Comment osez-vous ? s'emporta Turseaux. Vous arrivez comme une fleur et m'accusez sans preuve !

– Je tire les conclusions que les évidences imposent. Mon tableau est authentique. Pouvez-vous en dire autant ?

Devant l'aisance de Lejeune, son interlocuteur perdit ses moyens. Même Maria commença à douter.

– Dis-moi que t'as pas fait de bêtises.

– Je… je te promets, bafouilla-t-il à demi-mot.

– Comment t'es-tu procuré cette œuvre ?

– Tu… tu remets en cause mes méthodes de travail ? Tu n'as pas confiance en moi ? Tu préfères croire un inconnu ?

– À l'évidence, l'un d'entre vous dit la vérité. Et je ne peux pas prendre le risque d'exposer un faux. Si cela se sait, je peux dire adieu à ma réputation.

La situation s'enlisait et le soir commençait à tomber.

– Il se fait tard et il va falloir qu'on rentre. Pourra-t-on revenir demain ? demanda Eliott.

– Écoute, je suis dans une situation un peu compliquée comme tu peux le voir… confia Maria.

– Justement, répondit Mayssa, nous pourrions sûrement vous aider !

La jeune adolescente n'avait aucune idée du comment, mais le désir d'enquêter à nouveau la titillait. Mme Szana regarda l'heure avec dépit. Elle avait également d'autres obligations à respecter avant le début de l'exposition et devait s'absenter. Ses pensées s'emmêlaient. Elle ne pouvait pas prendre de décision hâtive, car elle risquait de faire de mauvais choix, et les préparatifs devaient se poursuivre ! Devant l'imbroglio de la situation, elle prêta deux chambres du château, l'une à son ami, l'autre à Lejeune. Le lendemain, après une bonne nuit de repos, elle espérait trouver celui qui tentait de l'escroquer.

*

Sur le chemin du retour, les premières questions fusèrent entre les deux adolescents.

– C'est un sacré personnage cet Étienne Lejeune, avoua Eliott. Il a du charisme.

– J'l'aime bien, moi, il me fait rire avec ses airs de roi du monde.

– Le roi du baratin, oui. Je pense qu'il est fort pour embobiner les gens. Maria devrait se méfier de lui.

– C'est plutôt la réaction de Romain Turseaux qui m'intrigue. Il s'est emmêlé dans ses propos, comme s'il cherchait des explications. Et il a pas répondu à la question de Mme Szana. Si son tableau était un vrai, il aurait avancé des preuves, et personne serait là à se poser des questions.

– Pour l'instant, nous n'avons aucune certitude. Nous verrons bien demain, en espérant que Mme Szana nous laisse enquêter tranquilles.

– Je crois qu'elle ne pourra rien refuser au « fils du conservateur du musée ». Et puis, on est peut-être son seul recours ? On doit se rendre indispensables !

Les deux enquêteurs arrivèrent près de chez Mayssa. Depuis l'extérieur, on sentait déjà qu'il y avait de l'animation.

– Une fois, faudra vraiment que tu viennes. Mahié et le reste de ma famille voudraient te rencontrer. Ils ne comprennent pas trop pourquoi on s'entend bien. J'aimerais bien leur montrer que t'es pas n'importe qui.

– Promis, j'y réfléchirai.

Avant de tourner définitivement les talons, Eliott l'interpella une dernière fois :

– Ne travaille pas trop tard. Je sais déjà que tu ne pourras pas t'empêcher de faire quelques recherches dès ce soir.

– Tu me connais trop bien.

CHAPITRE 3

Le lendemain, très tôt, Mayssa se prépara pour retrouver son complice au plus vite.

– Où est-ce que tu cours comme ça ? demanda sa mère. Tu n'as pas des devoirs à faire pendant ces vacances ?

– J'vais travailler avec Eliott, justement.

– Tss, encore du dessin ? N'oubliez pas les maths, le français ou l'histoire, hein ?

– Oui m'man, je dois filer. Bye !

Eliott la rattrapa sur le chemin. Il vit que l'adolescente avait les traits tirés.

– Tu n'as pas l'air d'avoir beaucoup dormi. Toi, tu as passé la nuit à faire des recherches…

– Non… J'ai seulement passé une « partie » de la nuit à enquêter sur Lejeune et Turseaux.

– Et ? Tu as trouvé des choses intéressantes ?

– Le premier est bien un marchand d'art. Il a l'air d'avoir une certaine expérience. Il a une longue carrière derrière lui et semble avoir eu mille vies. On lui doit plusieurs ventes de tableaux très rares. Mais il est aussi réputé pour euh… disons… son originalité.

– Fascinant… et l'ami de Maria ?

– Là, j'ai pas trouvé grand-chose… il n'est pas dans le milieu de l'art. Un genre de conseiller en mise en relation. Quelqu'un qui connaît plein de monde et agite son carnet d'adresses pour répondre aux attentes de ses clients, pour reprendre les mots de mon père.

– En gros, quelqu'un qui n'y connaît pas grand-chose en tableaux !

– Mais qui peut facilement mettre en place un petit réseau pour écouler de fausses peintures. Ou bien qui peut sans problème se faire rouler par un copiste mal intentionné !

– J'espère vraiment que ce n'est pas le cas, il a l'air gentil et je pense que cela ferait de la peine à Maria. Tu imagines s'il est au courant qu'il s'agit d'un faux ? C'est comme si, après avoir traversé pas mal d'épreuves ensemble, tu trahissais notre amitié…

– Impossible, toi et moi, c'est pour la vie. Comme une trace de crayon sur une feuille blanche.

Lorsque tous deux arrivèrent au château, ils aperçurent Étienne, installé sur la terrasse tel un pacha, en train de prendre son petit-déjeuner. Les adolescents s'approchèrent de lui.

– On ne vous dérange pas, monsieur Lejeune ? demanda Mayssa.

– Rien ne me dérange, vous êtes les bienvenus à ma table.

– Vous avez l'air très serein, compléta Eliott. La situation est pourtant délicate, non ?

– Je le conçois. Mais je ne suis pas inquiet, il n'y a qu'une vérité et je la connais. On peut m'accabler de nombreuses choses, mais pas d'être un charlatan. Je suis un expert dans mon domaine. C'est plutôt ce « monsieur » qui a dû passer une désagréable nuit. Si la police arrive, il risque d'avoir de sérieux problèmes. J'espère pour lui qu'il a vite décampé.

– Comment pouvez-vous être si sûr de vous ?

– Parce que c'est mon métier, mon garçon. Et qu'il ne s'improvise pas. Ainsi, j'ai fourni à Mme Szana la preuve nécessaire que je possède l'exemplaire original de l'œuvre qu'elle recherchait.

– On pourrait la voir ? demanda Mayssa.

Étienne haussa les sourcils, surpris que deux collégiens lui fassent cette requête. Mais comprenant que leur curiosité et leur goût pour la cause artistique justifiaient leur présence ici, il s'exécuta et leur présenta un papier officiel.

– C'est de l'anglais, ajouta la jeune adolescente tendant le document vers son partenaire. T'y comprends quelque chose ?

– J'ai déjà vu ce genre de document dans les affaires de mon père, je crois que c'est un certificat des douanes américaines.

– Bien vu, mon garçon. Il atteste que l'œuvre que j'ai apportée est reconnue comme vraie par les autorités. Nous verrons quel argument avancera Turseaux. S'il est encore là, bien sûr !

Eliott regarda la feuille sous toutes les coutures, il était incapable de dire si c'était un vrai certificat ou un faux. Car si Lejeune était un receleur, il devait savoir comment contrefaire un document officiel. Mais cela dépassait ses connaissances.

Au même moment, le téléphone du marchand d'art sonna. Le prénom « Elemer » s'afficha sur l'écran. Mayssa put le lire avant qu'il ne pose sa main dessus et s'éloigne, balbutiant une excuse quelconque.

Étienne partit converser dans le jardin, à l'abri de toute oreille indiscrète.

– Le moins que l'on puisse dire, commenta le jeune garçon, c'est qu'il n'a pas envie qu'on entende de quoi il parle… Ni avec qui.

– Peut-être qu'on pourrait en profiter pour fouiller dans ses affaires ?

– Mayssa, non, ça ne se fait pas ! Et si on se fait prendre ?

– On pourra pas nous en vouloir de tenter de l'innocenter !

– Non, je ne peux pas. Si Maria arrive, qu'est-ce que je vais dire à mon père ?

– D'accord, j'ai compris… C'est toujours moi qui prends les plus gros risques !

Elle plongea son nez dans les dossiers que Lejeune avait laissés sur la table. Il était difficile de trouver la moindre information sous cette montagne de papiers ; il y avait de nombreuses attestations, accompagnées de témoignages de sympathie, de remerciements, de cartes de visite et d'articles de presse locale faisant son éloge. Elle prit un maximum de photos. Eliott, qui faisait le guet, la rappela à l'ordre lorsque Lejeune fut enfin de retour sur la terrasse du château.

– Désolé, les affaires ne s'arrêtent jamais, les enfants. Profitez de votre insouciance ! Que disions-nous ?

– Vous étiez en train de nous prouver que votre tableau était le vrai, répondit Eliott. Excusez-nous, il faut qu'on aille dire bonjour à Mme Szana.

– À plus tard, les jeunes !

En entrant dans la demeure, Mayssa ne put s'empêcher de poser à son ami la question qui lui brûlait les lèvres.

– Tu penses aussi qu'il est innocent ?

– Je ne pense rien pour l'instant. Il faut d'abord vérifier ce qu'il nous met devant les yeux. Quant à toi, je trouve que tu as des conclusions hâtives, ça ne te ressemble pas.

– Je sais pas pourquoi, il m'inspire confiance. Et puis, j'aime sa façon d'être, libre. Je trouve que je lui ressemble, sur certains points.

– Tu devrais tout de même te méfier, jusqu'à ce que nous soyons sûrs.

Dans la galerie du château qui allait accueillir l'exposition, Maria faisait les cent pas.

– Que se passe-t-il ? demanda Eliott.

– C'est Romain, répondit-elle. Sa chambre est vide !

– Il a déguerpi, cria Lejeune depuis la terrasse. Cela peut se comprendre…

– M. Lejeune m'a montré le certificat, chuchota l'organisatrice, je ne peux pas remettre sa parole en cause. Mais je n'arrive pas à croire que mon ami m'ait trahie. J'ai besoin d'entendre sa version. Qu'il me dise que ce n'est pas ça, ou bien qu'il m'avoue la vérité.

– Il vous a tout de même laissé le tableau, remarqua l'adolescent en montrant la table du doigt. Difficile à croire qu'un coupable disparaisse volontairement en abandonnant sur place les preuves de son méfait.

– Je ne sais plus qui croire. En attendant, je dois m'en tenir aux faits. Le vernissage est demain soir et l'accrochage doit se terminer au plus tôt. Donc je ferai confiance à M. Lejeune.

Pendant ce temps, Mayssa inspectait à nouveau les deux versions de la peinture, sans parvenir à trouver la moindre différence.

– C'est quand même fou, l'une des deux est la copie parfaite de l'autre…

Les détectives se penchèrent un peu plus sur le tableau qui suscitait tant d'envie chez Maria. C'était un tableau de Dominique-Jean Sergin intitulé *Paolo et Francesca*. Un jeune homme à genoux déposait un baiser sur la joue de sa bien-aimée, qui, sous le coup de l'émotion, laissait tomber son livre à terre. La scène se déroulait sous les yeux d'un témoin caché derrière les rideaux, affreux personnage prêt à bondir sur le couple pour l'anéantir et empêcher leur destin. À l'œil nu, rien ne différenciait les deux tableaux : le style caractéristique de Sergin, la maîtrise du clair-obscur, le bleu éclatant du manteau chevaleresque de Paolo, le rouge passionné de la robe de

Francesca, les craquelures de la peinture à l'huile. Celui qui avait reproduit l'œuvre à l'identique était un véritable orfèvre.

Lejeune rentra et s'adressa directement à Maria.

– Excusez-moi, très chère, serait-il possible de m'héberger deux nuits supplémentaires ? J'aimerais être présent au vernissage pour apporter mes lumières sur ce tableau qui vous est cher et dont je connais l'histoire. Ce serait aussi l'opportunité pour moi de nouer de nouveaux contacts professionnels. Ne vous inquiétez pas, j'ai les moyens de vous payer…

Maria resta bouche bée devant le culot de son invité et, avant même qu'elle ne trouve les mots pour répliquer, celui-ci avait considéré la réponse comme positive. Les deux amis sentaient que l'organisatrice de l'événement commençait à être dépassée par ce qui lui arrivait.

– Ne vous en faites pas, nous allons tirer tout cela au clair, dit Mayssa.

Pendant ce temps, Eliott avait inspecté l'étui de protection qu'avait apporté Turseaux, et avait trouvé un reçu bancaire. La somme inscrite était vertigineuse, et dans un coin, à la main avait été écrite la mention « P et F ». Ces initiales étaient celles de *Paolo et Francesca*, ce qui ne laissait aucun doute sur le lien entre ce retrait d'argent et le tableau. Il glissa le bout de papier dans sa poche et fit signe à son amie qu'il était temps de creuser certaines pistes.

CHAPITRE 4

Les deux détectives décidèrent de mener leurs investigations depuis chez eux. Ils croisèrent sur le retour quelques camarades du collège, et pas les plus amicaux. Tibo, Nathan et Lenny se dirigeaient vers le même arrêt de bus. Le ventre d'Eliott se noua et Mayssa perçut son malaise. Elle leva la tête et vit au loin Tibo :

– Encore lui et sa bande, hein… T'en fais pas. Et rappelle-toi : même quand j'suis pas là, interdiction de se laisser faire, d'accord ?

Finalement, le groupe changea de trottoir, sans avoir adressé un seul mot à Eliott et Mayssa. Il y a encore quelque temps, tous se seraient précipités vers lui pour le chahuter et le mettre à mal, mais à présent, ils le respectaient ou au moins l'ignoraient.

La jeune adolescente entraîna son ami jusque chez elle. Après ce coup de pression, c'était un tout autre stress qui se manifestait à lui. Les parents de la demoiselle n'étaient pas là, mais presque tous ses frères et sa sœur avaient pris possession de la pièce à vivre. Eliott allait devoir se présenter en bonne et due forme. Parler peinture, il savait sûrement faire cela mieux que quiconque de son âge ; mais faire la conversation avec des inconnus avait plutôt tendance à l'angoisser. Fort heureusement, on le mit vite à l'aise.

– Oh, c'est donc toi l'amateur de livres et d'art ? demanda l'un des frères. Mayssa nous a beaucoup parlé de toi !

– Je…

– Il paraît que tu te débrouilles pas mal en dessin aussi, continua un second, il faudra qu'on te montre ceux de notre sœur.

– Je les connais déjà et…

– Vous allez le laisser respirer ? lança Kenza.

C'est à ce moment qu'Eliott leva les yeux vers la sœur de Mayssa et l'aperçut, baignée dans un rayon de lumière entrant par la fenêtre. Elle venait de l'exfiltrer de cet interrogatoire et il était très reconnaissant envers sa sauveuse. Il la regardait béatement, le sourire plein de gratitude. L'émotion qui le submergeait était toute nouvelle, différente de tout ce qu'il avait connu auparavant. Il était terrassé par un doux sentiment qui le réchauffait et lui faisait perdre pied.

– Tu viens ? dit la jeune sportive, tirant son ami de sa contemplation. Celui qui nous intéresse est celui qui sort le moins de sa grotte.

Tous deux se dirigèrent vers une chambre à l'arrière de la maison. À l'intérieur, le dernier frère ne décocha pas un regard lorsque les collégiens entrèrent.

– Mmmh, de quoi as-tu encore besoin, petite sœur ?

– J'ai pris en photo un document de la douane américaine. Tu pourrais vérifier s'il s'agit d'un vrai ?

– La douane américaine, rien que ça ?! Dis-moi que vous ne vous êtes pas mis dans le pétrin…

– T'inquiète Mahié… avec Eliott, on gère ! Tu peux nous filer un coup de main ?

– J'vais voir ce que je peux faire. Mais qu'est-ce que j'y gagne, moi ?

– Euh, rien.

– Aaaah… ça ne marche pas cette fois, petite sœur.

– Alors… je te remplacerai quand ce sera à ton tour de débarrasser la table ?

– Attends… Tu me proposes de ranger les couverts alors que je vais entrer dans les bases de données du gouvernement américain ?

– Euh, oui ?

– OK, ça me va !

L'adolescent commença à pianoter sur le clavier à une vitesse vertigineuse, tant et si bien que Mayssa et Eliott n'arrivaient plus à suivre les lignes de code et les pages qui défilaient. Le hacker semblait agir avec une facilité déconcertante, avant de s'interrompre brutalement.

– Tu sais très bien que j'veux pas que vous voyiez mes combines. C'est pas d'votre âge… Retournez-vous.

Les deux collégiens se retournèrent et patientèrent sagement au son des touches du clavier frappées à toute allure.

– Grâce à la photo que vous avez prise, ajouta Mahieddine dans leur dos, il y a une date, le 26 novembre, et un numéro d'immatriculation que je devrais pouvoir retrouver facilement. Si ce dernier est un vrai, il a été enregistré. Et s'il est enregistré, je le verrai.

Au bout de quelques minutes insoutenables, Mayssa et Eliott eurent enfin le droit de voir le résultat. Le verdict tomba sans appel.

– C'est un vrai certificat. Il atteste qu'Étienne Lejeune a bel et bien passé la frontière avec cette œuvre reconnue comme officielle.

– Il faut qu'on retrouve Romain Turseaux, dit Mayssa. On n'a plus le choix, il faut qu'on comprenne pourquoi il est parti sans son tableau. Pourquoi il s'est enfui en laissant la preuve de sa culpabilité. Et quel est ce morceau de papier trouvé dans ses affaires.

– Une seconde, intervint Eliott, en se tournant vers Mahieddine. Est-ce que tu penses que tu peux accéder aux messageries de Lejeune et de Turseaux ?

– Oui, mais pour y chercher quoi ?

– Je ne sais pas, n'importe quoi.

Mahieddine haussa un sourcil avant de reprendre :

– C'est possible, mais faut que je les hameçonne pour entrer dans leurs comptes. Ça peut prendre un peu de temps. Il faut souvent une bonne stratégie pour faire baisser la garde de ceux qu'on veut pirater.

– Avec Étienne, ça ne sera pas compliqué. Flatte-le, vante ses qualités et fais-lui miroiter mille et une choses, et tu en feras ce que tu veux. Pour Romain, fais-toi passer pour sa banque concernant son récent retrait d'argent. Comme ça, avec un peu de chance, on pourrait même récolter quelques informations sur la raison de ce besoin urgent de liquide.

*

En reprenant le chemin vers le château et sans la moindre piste intéressante, les deux amis passèrent devant le café « Chez Ray ». Un homme y était assis, le regard dans le vague.

– Regarde, c'est Romain ! dit Mayssa à son ami.
– Qu'est-ce qu'il fait là, tout seul ?
– Le mieux, c'est d'aller lui demander.

Ils s'approchèrent timidement de peur de le voir fuir. S'il déguerpissait à la vue des deux enquêteurs, ce serait la preuve de sa culpabilité. Il leva les yeux, les aperçut et ne réagit pas. Eliott et Mayssa s'assirent à sa table.

– Vous allez bien ? demanda Mayssa. Au château, tout le monde pense que vous vous êtes enfui.
– C'est un peu ce que j'ai fait, non ?
– Est-ce que votre tableau est un faux ? continua Eliott.
– Je pourrais vous dire qu'il ne l'est pas, mais comment pourriez-vous me croire ? Je n'ai pas de preuve à vous montrer, alors que l'autre gugusse a réponse à tout.
– Commencez déjà par nous dire que votre peinture est la vraie, plutôt que de passer votre temps à dire que ce n'est pas un faux.

Il fronça les sourcils avant de se reprendre.

– J'ai apporté la vraie version. Je ne peux pas le démontrer. Il faut me faire confiance.

Mayssa regardait attentivement Eliott. S'il lui avait reproché d'avoir un parti pris entre les deux suspects, il n'était pas en reste.

– Peut-être après le vernissage, je pourrai… continua le désœuvré.
– Une fois l'exposition commencée, le mal sera fait, ajouta-t-elle. Donnez-nous au moins une bonne raison de vous faire confiance. Vous êtes parti comme un voleur. Pourquoi ?
– Parce que j'ai eu honte, marmonna-t-il. Vous savez ce que c'est que de s'emmêler les pinceaux ?

Eliott semblait boire ses paroles.

– Je voyais que je m'embourbais dans mes explications. Mais il faut que je revienne. J'ai mon honneur à laver. Je n'ai pas été à la hauteur et je dois me rattraper.
– Pourquoi est-ce si important pour vous ? demanda Eliott.
– Pour ne pas finir en prison, d'une, et… pour une raison personnelle qui ne vous regarde pas. Désolé.

– Et pourtant, nous sommes peut-être les seuls à pouvoir vous innocenter, si bien sûr vous nous racontez la vérité. Par exemple, en nous expliquant à quoi correspond ce bout de reçu que nous avons retrouvé avec votre Sergin. Vous a-t-il aidé à vous payer les services d'un copiste ?
Le téléphone de Mayssa sonna à ce moment-là. Mahieddine avait réussi à pirater les deux messageries et il venait de lui transférer tout ce qu'il avait pu repérer d'intéressant. Eliott plongea lui aussi le nez dans l'écran.

Mahieddine

Hey, voici mes découvertes, c'est-à-dire, pas grand-chose.

Rien trouvé de louche chez Turseaux. Lejeune envoie peu de mails, aucun récemment, mais un daté du jour de son passage en douane.

N'oublie pas la table ce soir 😉

Elle ouvrit le mail associé, le message était concis : « Appelle vers 21h ».

– Super, on fait quoi avec ça ? rigola doucement le collégien.

– On s'interroge bien sûr. Il ne faut pas s'arrêter au contenu du message, mais à tout ce qu'il y a autour. Le message a été envoyé alors que Lejeune était encore en France, le jour où il s'est rendu aux États-Unis. Il a demandé à son destinataire d'appeler à 21 heures, heure française, c'est-à-dire à 15 heures à New York, soit quelques minutes avant de passer la douane. Un coup de fil visiblement qui ne pouvait pas attendre de sortir de l'aéroport.

– Oui, à moins qu'il demande d'appeler quelqu'un d'autre. Il ne dit pas « appelle-moi », mais « appelle ».

– Tu as raison. Dans tous les cas, l'identité de la personne à qui il a envoyé ce message n'est sûrement pas anodine.
Eliott regarda à nouveau l'écran du téléphone et lut l'adresse à voix haute.

– e.lemer@devi.net. Un certain dénommé Lemer ? Eugène Lemer ? Édouard Lemer ? Une femme peut-être ? Éléonore Lemer ?
Mayssa laissa son ami émettre des hypothèses, mais elle avait fait un rapprochement.

– Elemer… il faut juste enlever le point. C'est la personne qui a contacté Lejeune ce matin. J'ai pu apercevoir son prénom avant qu'il décroche et s'éloigne.
Les deux amis avaient enfin une nouvelle piste à étudier. À la table du café, Turseaux avait profité de l'agitation pour disparaître à nouveau, emportant avec lui le maigre indice récupéré par les deux adolescents.

CHAPITRE 5

Les enquêteurs revinrent au château au pas de course, sentant qu'il allait s'y passer quelque chose. Mayssa allait plus vite que son ami, qui traînait le pas et tirait la langue.

– Dépêche-toi, Eliott !

Arrivés sur le lieu de la future exposition, ils trouvèrent Étienne Lejeune en train de polir la carrosserie de sa très chère voiture.

– Les enfants, vous venez assister aux derniers préparatifs ? Presque tout est en place. Vous allez pouvoir admirer l'ensemble des œuvres en avant-première !

– Personne d'autre ne s'est présenté ? interrogea Mayssa.

– Qui donc ? La presse ? Sait-elle déjà que je suis là ? Ou bien la police ?

– La police ? Vous ne l'avez pas appelée ?

– Bien sûr que non, je suis un honnête homme. Je ne dénonce pas. J'aurais pu le faire, mais je n'ai pas envie d'être mêlé à toute cette histoire. Cela me causerait plus de tracas que de gloire…

– Où est Maria ? demanda Eliott.

– Mme Szana ? Elle s'est absentée.

Dans le château, une alarme se mit à retentir. Tous les trois se précipitèrent à l'intérieur et tombèrent sur Turseaux qui, à l'abri des regards, tentait de décrocher le Sergin apporté par Lejeune, avec son clone sous le bras. Aucunement décontenancé par l'irruption de son rival et des deux collégiens, l'ami de Maria continua ce qu'il était en train d'entreprendre.

– Que faites-vous malheureux ? cria l'extravagant marchand d'art. Mon tableau !

Il se jeta sur son concurrent et les hommes en vinrent aux mains.

– Arrêtez tous les deux ! hurla Eliott. Vous allez les abîmer !

Personne ne l'écoutait. En deux secondes, les jeunes détectives se répartirent les tâches. L'adolescent serait chargé de récupérer les deux œuvres sans prendre de coups perdus. Mayssa s'occuperait de la partie un peu plus musclée.

– Bon, vous l'aurez cherché !

Ce fut sans difficulté qu'elle attrapa le manteau du marchand pour le faire tomber avec le poids de son corps et qu'elle maintint l'autre homme à distance, menaçant d'en faire de même. Les deux adultes venaient d'être stoppés *manu militari* par la jeune sportive.

– On se calme ou on continue le combat ? J'adore concourir dans les catégories supérieures.

Devant le ridicule de la situation, Turseaux et Lejeune reculèrent et finirent par se calmer.

– Tout le monde dehors maintenant. En attendant que Mme Szana revienne, monsieur Lejeune, vous irez avec Eliott dehors, sur le parvis. Monsieur Turseaux, vous viendrez avec moi dans le jardin.

La jeune adolescente entraîna le désespéré de l'autre côté du château pour une petite promenade afin qu'il recouvre ses esprits. Tous deux restèrent longtemps côte à côte, sans échanger un mot. Elle brisa le silence en premier.

– C'était vraiment le geste de la dernière chance, non ?

– Un geste probablement idiot, oui. Mais je dois démontrer mon innocence à tout prix, tu comprends ?

– Commencez par expliquer le reçu. À quoi vous a servi cet argent ?

Romain sortit le bout de papier qu'il avait gardé dans la poche.

– J'ai juste retiré du liquide que j'ai mis en gage, c'est tout ce que tu as besoin de savoir.

– Ce n'est pas en nous faisant si peu confiance que vous allez vous en sortir…

La collégienne réfléchit un petit moment.

– Écoutez, ajouta-t-elle, si vous ne pouvez pas prouver que vous êtes innocent, peut-être pouvez-vous prouver que Lejeune est coupable ?

– Mais comment ? Tout m'accuse ! Il a des papiers officiels, lui.

– C'est lui qui choisit ce qu'il veut bien nous montrer. Vous disiez que votre métier consistait à avoir un gros carnet d'adresses et à faire jouer vos relations. C'est bien cela ?

– Oui, je peux au moins me vanter d'avoir un très bon réseau. En attendant que cette affaire se sache et qu'elle nuise à ma carrière !

– Il faudrait qu'on contacte quelqu'un qui travaille à la douane, à l'aéroport de New York.

– À la douane ?

– Faites-moi confiance, je ne peux pas vous en dire trop.

– De toute façon, je n'ai plus que vous deux pour me sortir de ce pétrin…

De son côté, Lejeune fulminait et ne décolérait pas.

– Qu'on me traite de la sorte, c'est scandaleux ! Quand Mme Szana sera de retour, je lui dirai que cet accueil est épouvantable. En plus de se retrouver accusé de tout et n'importe quoi, voilà qu'on s'en prend à moi physiquement. Je devrais rentrer chez moi avec mon tableau. Tout le monde serait bien embêté. Je suis bien gentil, moi, d'être encore là…

Eliott ne savait pas si le marchand d'art pensait ce qu'il disait, mais son départ n'avait rien d'improbable, et personne ne devait s'en aller avant d'avoir démêlé le vrai du faux. Par ailleurs, il y avait certaines questions qu'il mourrait d'envie de lui poser, et l'occasion était trop belle pour la laisser passer.

– Monsieur Lejeune, j'imagine que vous avez dû avoir entre vos mains des toiles renommées au cours de votre carrière.

– Tout à fait, mon garçon. Mon tableau de chasse ferait pâlir n'importe lequel de mes confrères.

– Il y a des noms que vous pourriez me donner ?

– Eh bien… Picasso, Modigliani, Renoir, Matisse, Derain, Toulouse-Lautrec, Marquet, Dufy… Mais aussi des peintres contemporains comme von Dagen. Tu connais ?

– Oui, je les connais. Je me suis même entraîné à reproduire certains de leurs tableaux. Je suis impressionné.

Lejeune fouilla dans ses affaires pour en sortir un petit dossier.

– Alors tu sauras apprécier ceci. Voici ma dernière acquisition de ce peintre, dit Étienne en passant une photo à Eliott. J'ai immortalisé ma rencontre avec lui, comme tu peux le voir sur ce cliché. Moi,

von Dagen et le tableau. En voici le certificat d'authenticité, signé de sa main, le même jour.
Cette fois-ci, nul besoin de s'en remettre à un quelconque spécialiste extérieur. L'expert des signatures d'artistes, c'était Eliott. Elle semblait véritable en tous points. La photographie épinglée où l'on voyait le peintre vieillissant et le fringant marchand d'art côte à côte finit de le convaincre. Sous ses aspects extravagants, il n'y avait pas à douter du négociant au vu des preuves qui étaient avancées.

CHAPITRE 6

Dans un recoin du jardin, Mayssa et Romain Turseaux s'installèrent sur un banc de pierre qui faisait face à une petite fontaine. Non loin d'eux, une reproduction en marbre d'une sculpture de Camille Claudel trônait. L'ami de Maria passait en revue tous ses contacts afin de dénicher la perle rare, le sésame vers son innocence. Après avoir fait plusieurs fois le tour de la statue, il s'arrêta.

– J'ai peut-être trouvé la personne qu'il nous faut, dit-il en raccrochant.

– Je vais demander à Eliott de nous rejoindre.

Elle envoya un message à son ami, qui se dépêcha de les retrouver en quatrième vitesse. Lorsqu'il y parvint, Turseaux était déjà en train de composer un nouveau numéro.

– Oui, bonjour, je vous appelle de la part…

Pendant qu'il faisait ce qu'il savait faire le mieux, Mayssa fit un résumé de la conversation qu'elle avait eue avec lui, et Eliott en fit de même. Mettre le présumé receleur au courant de certaines des pistes de leurs investigations était risqué, mais il ne pouvait y avoir meilleur ambassadeur que celui qui désirait s'innocenter.

– … Je vous remercie. Je vous revaudrai cela. Je vous les passe.

Il tendit son téléphone aux adolescents, la main sur le micro, sans savoir ce qu'ils allaient bien pouvoir demander.

– C'est un douanier américain. Il parle français. Son temps est précieux et vous n'aurez pas deux chances de lui poser les bonnes questions. J'espère que vous savez ce que vous faites.

Il relâcha son emprise et donna son téléphone à Mayssa.

– Bonjour monsieur, est-ce que vous vous souvenez d'avoir enregistré, le 26 novembre dernier, l'entrée d'une ou plusieurs œuvres d'art sur votre territoire ? Vous ou quelqu'un de votre équipe ?

– C'est assez lointain, mais nous ne faisons pas cela tous les jours. Si vous me communiquez un peu plus de renseignements, je vous donnerai peut-être l'information que vous recherchez.

– C'est une peinture de Dominique-Jean Sergin. J'ai le numéro d'immatriculation si vous voulez. Vous avez délivré un certificat d'entrée aux États-Unis ce jour-là.

– Oui, je me souviens très bien. C'est moi qui m'en suis occupé. Difficile à oublier. C'est peu souvent qu'on intervient sur une dénonciation.

– Comment ça, une dénonciation ?

– Nous avons eu vent par une source anonyme que quelqu'un essayait de traverser la frontière avec une œuvre d'art, sans la déclarer. C'est obligatoire, car si les objets artisanaux échappent à une taxe, ce n'est pas le cas de peintures cotées telles que celle-ci. Ce monsieur avait tenté de se soustraire à ses obligations.

– Comment avez-vous été prévenus ? demanda Eliott.

– Un appel téléphonique. Un homme avec un fort accent hongrois.

– Aux alentours de 15 heures ?

– Ce n'est pas très précis dans ma tête mais ce doit être cela. C'était quelques minutes avant que le vol Paris-New York atterrisse. Grâce à cela, nous avons pu attraper le fautif dans les temps. Nous avons des experts « maison » qui s'occupent de ce genre de dossier auprès des fraudeurs.

Eliott se figea. Puis, au bout d'un instant, il remercia son interlocuteur et raccrocha.

– Est-ce que tu as compris la même chose que moi ? dit-il à son amie.

– Je pense que oui.

– Quoi ? Expliquez-moi, tous les deux, s'empressa Romain. Je ne comprends rien.

– Lejeune a mis en scène sa propre dénonciation. Il a demandé à un complice de signaler aux autorités américaines qu'un marchand d'art allait passer la frontière sans rien déclarer.

– Mais si ses œuvres sont fausses, il se jette dans la gueule du loup !

– Justement non. C'est un habile tour de passe-passe. Sa copie est parfaite, vous avez pu en juger vous-même. N'importe qui serait dupe, surtout un « expert » maison qui n'est probablement pas un spécialiste de ce peintre-là.

– Et donc, qu'est-ce que cela lui apporte ?

– Il se fait prendre exprès. Il fait croire que c'est un faux pour ne pas payer la taxe sur les œuvres d'art. On ne le croit pas et il doit payer une amende. Mais avec un tampon officiel, son faux est devenu un vrai aux yeux de la loi.

Romain Turseaux tomba de tout son poids sur le banc.

– C'est là tout le génie de Lejeune, résuma Mayssa. Apporter une contrefaçon, se faire passer pour quelqu'un qui veut cacher l'importation d'une œuvre d'art, taxée, et repartir avec un tableau certifié par un papier officiel. Finalement, l'amende qu'il aura payée pour sa tentative d'importation illégale sera bien moins importante que la somme qu'il récoltera lors de la vente.

– Si je comprends bien, dit l'ami de Maria, il a pu rendre son tableau authentique à cause du zèle de la douane et de la certitude qu'ils avaient de contrer une fraude à la taxe.

– C'est exactement ça. Cela ne vaut pas un certificat signé de la main de l'artiste, mais c'est une preuve de poids. Le papier a bien été rédigé, mais ce sont les douaniers qui se sont fait avoir.

Pendant que Romain reprenait ses esprits, sonné par les révélations que venait de faire le duo, Eliott se rapprocha de Mayssa.

– On a une information de plus sur Elemer.

– Oui, visiblement, il a un fort accent hongrois.

– Cela pourrait être intéressant de les démasquer tous les deux.

– Comment ?

– J'ai une idée, mais on va à nouveau avoir besoin de ton frère.

– Oh non, pitié… On est vraiment obligés ?

Les adolescents s'approchèrent de Turseaux, qui n'arrivait pas à s'en remettre.

– Vous devriez être content…

– Oui, vous venez de démontrer que Lejeune est un escroc, mais pour autant, il semble que j'ai perdu la confiance de Maria.

– Je pense que vous pouvez nous expliquer ce qui s'est passé de votre côté pour en arriver là, demanda le jeune garçon.

– Je vous dois bien la vérité… soupira Romain. Quand Maria a voulu organiser cette exposition, elle a passé en revue tous ses contacts. J'ai bien évidemment répondu à l'appel, même si je ne l'avais pas vue depuis longtemps. Je ne suis pas un spécialiste de l'art, mais j'ai moi-même un certain réseau, comme vous avez pu le constater. D'intermédiaire en intermédiaire, j'ai retrouvé la trace du tableau de ses rêves, la pépite de son exposition. Mais le chemin a été pavé de transactions, disons, pas toujours légales. Et, étant pressé par la date qui approchait, j'y ai laissé beaucoup d'argent, comme vous avez pu le voir sur le reçu, notamment en cautions de garantie. Dans ces conditions, il m'était impossible d'avoir des documents officiels.

– Mais pourquoi avoir fait cela ? En passant par des circuits non officiels, vous risquiez gros. C'est fou de faire tout cela pour une exposition, pour un tableau !

– Pour une femme surtout.

Mayssa sourit. Elle avait compris, quand Eliott n'avait pas du tout saisi la subtilité. Romain se releva et se rapprocha de la copie de *L'Implorante* de Claudel, trônant au milieu du parc du château.

– Et vous, vous êtes déjà tombés amoureux ? dit-il, se tournant vers Eliott.

À ses quelques mots, le garçon vit un visage se former dans son esprit.

– Euh non… pas du tout… jamais, balbutia-t-il.

– C'est un sentiment qui balaie tout sur son passage. Les certitudes, les règles. Il s'affranchit de toute logique. On est capable de tout, par amour. Même de sortir des clous. J'ai toujours été amoureux de Maria et quand j'ai appris à quel point cette exposition et surtout cette peinture étaient importantes pour elle, je me suis plié en quatre.

– Mais vous n'aviez pas prévu Lejeune.

– Non, et j'ai été très décontenancé. J'étais déjà très embarrassé, car je suis aussi venu avouer à Maria mon ressenti pour elle. Et il m'a poussé dans mes retranchements. C'est un grand orateur et il sait parfaitement ce qu'il fait. Et plus je tentais de sauver les apparences, pire c'était.

– Il y a sûrement un moyen pour vous de rattraper le coup, dit Mayssa, lançant un clin d'œil à son partenaire.

– Exactement, poursuivit Eliott, mais pour l'instant, le mieux serait de ne rien dire à Maria.

On sentit encore Romain hésiter avant d'avouer à voix basse :

– J'en viens presque à douter de l'authenticité de mon tableau. Vous disiez que je devais démontrer que l'œuvre apportée par Lejeune était fausse, mais je dois tout de même prouver que j'ai bel et bien amené la bonne.

– Là, encore, j'ai peut-être une dernière carte à jouer, renchérit le jeune collégien.

CHAPITRE 7

Lorsque tous les trois rentrèrent au château, Maria était en grande conversation avec Étienne Lejeune.

– Romain ? Qu'est-ce que tu fais là ? Je croyais que tu étais parti…

– Contrairement à ce qui a dû t'être raconté, il fallait que je m'absente. Je suis venu récupérer mon tableau. Comme nous tous, tu as vu les preuves apportées par M. Lejeune. Je vais entamer les démarches nécessaires pour comprendre pourquoi j'ai été sûrement floué. Je te demande juste de croire que je n'ai pas souhaité te faire du mal. Je t'ai promis que je n'avais rien fait de répréhensible. Je n'ai cherché qu'à te faire plaisir.

– Je sais bien, Romain…

– Je ne vous embêterai plus, dit-il, se tournant vers son rival

– J'y compte bien, répondit le marchand d'art. Évitez la prochaine fois de vous lancer dans un milieu dont vous ne maîtrisez pas les codes. Bon vent, l'ami !

Turseaux emporta l'étui de protection dans lequel le tableau était arrivé la première fois et le plaça lui-même dans la camionnette. Après un au revoir bien triste entre Maria et lui, au goût d'inachevé, il s'engouffra dans le véhicule et partit dans les premières lueurs du soir.

– Voilà une bonne chose de faite, s'exclama Lejeune. Je vais en profiter pour aller en centre-ville. Il faut que je sois présentable pour le vernissage. Avec tous ces chamboulements, je n'ai pas pris de temps pour l'essentiel : moi !

On commençait à sentir une pointe d'agacement chez Maria. Le marchand se donnait en spectacle constamment. Elle avait hâte que la soirée de lancement soit derrière elle, au moins pour se débarrasser de cet intrus gênant et oublier ce fâcheux incident.

*

Romain regarda à nouveau le papier qu'Eliott lui avait donné et vérifia trois fois qu'il se trouvait à la bonne adresse. Après avoir soigneusement étudié la devanture, il sonna fébrilement.

– Vous êtes monsieur Turseaux ? Entrez, je vous attendais. Je suis Chiara, la marraine d'Eliott. Il m'a prévenue de votre arrivée et du service que je pourrais vous rendre.

– C'est très gentil de votre part. Voilà le tableau que je devais apporter au départ à l'exposition. Est-ce que vous pourriez me dire s'il s'agit d'un vrai ou d'un faux ?

Elle s'approcha de la toile et l'inspecta une première fois à l'œil nu, comme pour se familiariser avec elle. Ensuite, elle se saisit d'une sorte de lampe bleue qu'elle passa devant le tableau.

– Ce sont des ultraviolets, dit-elle. Cela me permet de voir s'il y a pu avoir des retouches ou des repeints, par exemple.

Son geste s'arrêta sur un des éléments du décor. Sa moue dubitative indiquait qu'elle commençait à se forger une idée.

– Il y a eu une reprise évidente à cet endroit-là, et c'est globalement assez grossier. Lorsque la retouche est effectuée dans les règles de l'art, par un restaurateur professionnel, on n'y voit que du feu. Là, j'avoue qu'on a fait un peu n'importe quoi. C'est un artiste important, ce peintre ?

– Très, commenta laconiquement Romain. Et encore plus pour moi.

– Il n'y a que deux possibilités selon moi. Ou la personne qui a fait cela n'avait aucune connaissance de la valeur de ce tableau ; ou bien quelqu'un s'y est peut-être repris à plusieurs fois pour tenter de coller au plus près du style originel. Vous permettez que je le passe à la radiographie ?

– Au point où j'en suis… soupira Romain.

Après quelques minutes, Chiara revint avec le tableau.

– Voyons ce que les couches inférieures peuvent nous apprendre…
Une image sombre, contrastée, mais dont on devinait facilement les contours s'afficha sur l'écran.

– Oh ! C'est une tout autre œuvre qui se cache dessous visiblement, commenta la scientifique.

Turseaux, blême, bouche bée, ne répondait plus. Figé par ce qu'il avait devant les yeux, et persuadé d'avoir déjà vu cette image, il était incapable de la moindre réaction. Après quelques secondes de torpeur, il attrapa désespérément son téléphone.

– Il… Il faut que je vérifie une information.

Frénétiquement, il tapa « catalogue raisonné de Sergin » et fit défiler toute une série de miniatures qui représentaient tout le travail de l'artiste. Il s'arrêta sur une image de mauvaise qualité, mais qui ne laissait pas la place au doute. Elle ressemblait en tous points à la silhouette dissimulée sous le *Paolo et Francesca*.

– C'est… *La Dormeuse de Naples*, un tableau disparu depuis plus de deux cents ans ! Toujours de Sergin. On n'a jamais su ce qu'il était advenu de cette toile.

– Il semblerait que l'artiste a juste repeint par-dessus, ajouta Chiara, pas peu fière de sa découverte. Et cela confirmerait que cette version des deux amoureux n'est pas une copie !

– Mais comment ? répondit-il.

– Personne n'aurait caché un véritable Sergin qui vaut une fortune sous une simple copie, voyons !

Romain avait enfin la preuve ultime qui pouvait le sauver.

*

Au château, une fois seuls avec Mme Szana, les détectives purent enfin profiter en avant-première de l'exposition. Maria fut leur guide, commentant à chaque œuvre l'importance que celle-ci avait eue dans son parcours de vie. Ils finirent par s'arrêter devant un jeune couple enlacé qui faisait de la balançoire. C'était *Le Printemps* de Pierre-Auguste Cot.

– La façon dont elle le regarde est vraiment…

Mayssa n'arrivait pas à trouver le mot juste. Elle cherchait le terme le plus approprié sans y parvenir.

– Intense ? compléta Eliott.

– C'est exactement ça. Le regard, c'est super important pour faire passer les messages. Dans les mangas par exemple, on fait des yeux bien grands parce que c'est là qu'apparaissent les émotions des personnages.

Un peu plus loin, dans un tableau de Jan Van Beers, une demoiselle tenait finement une fleur dans les doigts après une partie de croquet. Le jeune garçon, interloqué, fut surpris de voir cette toile au sein de cette exposition.

– Je ne comprends pas… C'est quoi le rapport avec l'amour ici ?

– Tu vois pas ? répondit sa complice.

– On ne regarde pas toujours la même chose dans les œuvres, commenta Maria. Par conséquent, on n'en a pas la même compréhension.

– Je vois des jolis tons jaune pastel sur un superbe vert, dit Eliott.

– Elle effeuille une marguerite, compléta Mayssa.

– Pour quoi faire ?

– Oh là là, Eliott, tu me désespères ! Des fois, tu sais plein de trucs qu'on ne devrait pas savoir à ton âge, et des fois… « Je t'aime un peu, beaucoup, passionnément, à la folie… », ça ne te dit rien ?

Il s'arrêta quelques secondes pour remettre de l'ordre dans ses pensées. Un visage lui apparut.

– Si, si, bien sûr que je connais…

S'ensuivait toute une série de baisers échangés, depuis les cercles et les entrelacs rouge passion de la toile de Vsevolod Maksymovych à la fusion étrange des corps de Edvard Munch. Le duo ne disait plus rien, visiblement gêné.

– Il y aurait beaucoup à dire, dit Maria avec une pointe de malice, mais… passons.

Dans un autre recoin de la grande galerie, Mayssa et Eliott observèrent *L'Adieu* de Hans Andersen Brendekilde. Ils n'étaient pas insensibles à la tristesse qui se dégageait de ce tableau.

– L'amour, ce n'est pas toujours très joyeux, nota Maria. Ce sont parfois des déceptions, des déchirements, des drames et des au revoir.

– À choisir, je préfère ces deux-là qui se quittent, répondit la collégienne.

Elle venait de montrer du doigt *Encore un baiser* de Italo Nunes-Vais, où une jeune femme réclamait un dernier baiser à son amoureux, installé dans un wagon sur le point de partir.
La visite se termina avec une peinture dans laquelle le spectateur faisait irruption dans le dos de deux jeunes gens en pleine discussion. La scène se déroulait sur un pont, l'homme et la femme semblaient se raconter mille choses, dans une ambiance très intimiste. Quiconque se serait senti de trop dans ce secret bien gardé, entre les deux *Amoureux* d'Émile Friant.

– Ça donnerait presque envie d'avoir le coup de foudre, rigola Mayssa.

– Pour l'anecdote, ajouta Maria, le peintre a réalisé cette toile dans son atelier, et les deux modèles ont posé séparément. C'est aussi pour cela qu'il y a cette douce rêverie, ce décalage dans les regards. On les sent proches et distants à la fois, amoureux et timides. Ils sont là, tous les deux, transis, mais comme s'ils ne se voyaient pas.
Mme Szana s'arrêta un instant, alors que la visite prenait fin. Au même moment, Eliott reçut un message sur son téléphone. C'était Romain qui faisait un compte-rendu de son entrevue avec sa marraine. Il s'empressa d'en montrer le contenu à sa partenaire.

– Toutes ces toiles, reprit Maria la voix pleine de mélancolie, toutes ces sculptures sont associées à la fois à des événements que j'ai vécus, et des personnes que j'ai rencontrées.

– Les personnes sont-elles plus importantes que les œuvres qui vous y font penser ? demanda Mayssa.

– Bien sûr, l'humain passera toujours avant l'art. C'est une question de valeurs.

– Je n'attendais pas d'autre réponse de votre part. Mme Szana, il faut qu'on vous parle de quelque chose de très important.

CHAPITRE 8

De retour chez elle, Mayssa se mit à table. Il régnait dans la cuisine un silence assez étrange. Alors que d'habitude le repas se déroulait dans une ambiance chaotique, digne d'un dîner à sept, cette fois-ci, rien. Ses frères et sa sœur ne levaient pas le nez de leurs assiettes, et les parents manifestaient une gêne évidente. Seule l'amie d'Eliott agissait normalement.

– Tu trouves pas qu'on est déjà assez nombreux comme ça ? finit par demander l'un de ses frères.

– C'est très impoli ce que tu fais, l'interrompit sa mère. On a le sens de l'hospitalité chez nous. Pardon, je vous prie de l'excuser.

– C'est moi qui dois présenter mes excuses. Je vois bien que je suis de trop et que je dérange, répondit Romain, assis tout en bout de table.

– Je vous ai expliqué que c'était très important. C'est aussi un moyen de remercier indirectement Mme Szana de m'avoir invitée à l'accrochage de l'exposition.

– Il ne pouvait pas l'héberger, Eliott ? On est déjà tellement à l'étroit, ici. Et lui, il vit seul avec son père, non ?

– C'était mon idée.

– D'ailleurs, renchérit sa mère, pour ton sens de l'accueil, tu céderas ta chambre pour la nuit et tu dormiras sur le canapé.

– Après avoir débarrassé les couverts, rappela malicieusement Mahieddine.

Sur ces mots, la discussion fut close. Personne ne contesta la décision de sa mère et même Mayssa était plutôt satisfaite de la tournure de la soirée. Lorsque tout le monde regagna ses quartiers et que Romain, trop grand, s'installa dans le lit de l'adolescente, il se remémora ce qui l'avait mené jusque-là. Pour les beaux yeux de Maria, il avait fait n'importe quoi, jusqu'à tremper dans des transactions douteuses. Il avait triché avec la loi, les règles, juste pour lui faire plaisir, pour trouver grâce à ses yeux. Il espérait que l'apport du tableau la toucherait, bien plus qu'un bouquet de fleurs. Mais, en attendant, il avait mis son argent, sa réputation, sa carrière en péril pour une femme qui ne lui retournerait peut-être jamais ses sentiments. À présent, il remettait son sort entre les mains de deux adolescents, et il allait passer la nuit chez les parents de l'un d'eux. Au même moment, de l'autre côté de la cloison, il reconnut la voix de Mayssa, qui échafaudait la suite du plan dans la chambre de son frère.

– T'as toujours accès à la messagerie de Lejeune ? demanda-t-elle.

– Oui…

– Il faudrait qu'on envoie un message, plausible, à son complice, pour qu'il vienne au vernissage. Tu pourrais me montrer le genre de message qu'il lui envoie ?

Bien que réticent, Mahieddine s'exécuta. Comme il l'avait annoncé, peu de mails avaient été rédigés, et ils étaient tous lapidaires. Aller à l'essentiel pour probablement en dévoiler le moins possible. Lejeune se gardait sans doute une porte de sortie à chaque fois pour éviter de se retrouver mouillé dans ses affaires. Mayssa dicta quelques mots, à la façon du marchand d'art, pour demander à Elemer de faire le déplacement :

« Demain, pas là au vernissage au château. Viens à ma place. » Pas de formule de politesse, pas de signature. Laconique. Il ne restait plus qu'à attendre que le poisson morde à l'hameçon.

– Comment peux-tu être sûre qu'il viendra ? demanda son frère.

– Fais-moi confiance. D'après les dernières infos que nous avons eues, il viendra.

Chez lui, dans sa chambre, Eliott ne dormait toujours pas. Pour occuper ses pensées, il prit une feuille blanche et commença à laisser aller son crayon. Il esquissait les portraits de Paolo et Francesca en essayant d'être au plus proche du tracé de Sergin. En dessinant de mémoire, il espérait se fatiguer pour enfin trouver le sommeil. Son cerveau fonctionnait à plein régime, refaisant le tour de leur enquête. Avant qu'il ne s'en rende compte, il avait donné d'autres traits au visage de Francesca. Il posa son crayon et contempla sa douce maladresse, et décida d'aller finalement se coucher sur cette tendre image.

*

Le jour du vernissage, les deux collégiens furent rattrapés par leur quotidien. La reprise des cours approchait à grands pas ; à la suite d'une remarque de son père, Eliott dut se pencher sur certains devoirs de vacances qu'il avait laissés de côté :

– Ce n'est pas parce que tu connais la fille de ton conseiller d'éducation que tu es dispensé de travail… Si on sort ce soir, en plus…

De leur côté, les parents de Mayssa et leurs deux filles passèrent une grande partie de l'après-midi à chercher une tenue adaptée pour le vernissage. Les fils firent l'impasse, préférant profiter de leur soirée tranquilles à la maison.

– Ce n'est pas tous les jours que l'on est invités avec tout le gotha ! déclara sa mère lors d'une séance d'essayage.

Alors que l'on sentait les adultes dans leur élément, ce n'était pas le cas des deux jeunes filles. Elles n'aimaient pas faire le tour des magasins – encore moins avec leurs parents – pour se trouver une tenue de soirée.

Lorsque le soir poignit au loin, les premiers convives arrivèrent au château. Eliott, ravi de passer un moment avec son père, avait sorti son costume le plus élégant. Mayssa n'était pas en reste, tout comme les autres membres de sa famille qui l'avaient accompagnée. Kenza, joliment apprêtée, s'approcha du jeune garçon.

– Tu es très élégant, Eliott.

Ces quelques mots suffirent à le déstabiliser. Cinq mots pourtant simples et gentils. Il ne savait plus quoi dire, pris entre le malaise de

ce compliment et la satisfaction qu'ils lui procuraient. Il se voyait transformé en Turseaux, maladroit, incapable. Il saisissait mieux ses trous de mémoire, ses fébrilités, les sons qui n'arrivaient plus à sortir de la bouche. Il avait comme perdu la raison. Pour autant, il ne parvenait pas à se départir d'un sourire niais : jamais son prénom n'avait été si bien prononcé.
« Toi aussi. Tu es ravissante. La plus belle œuvre de la soirée », il aurait aimé lui répondre. Mais les mots ne lui venaient que trop tard et la parenthèse était déjà refermée. Il devait à présent se concentrer sur sa mission. Il pourrait travailler ses compliments à un autre moment.

Toutes les personnes les plus importantes de la ville étaient présentes : politiques et officiels, hommes d'affaires influents, mécènes, acteurs de la vie artistique… Étienne Lejeune l'avait probablement compris avant tout le monde et avait choisi pour l'occasion la tenue la plus clinquante qui soit. S'il devait y avoir quelqu'un à ne pas manquer, il avait décidé que ce serait lui. Plus que Mme Szana, plus que n'importe quel tableau, plus que l'exposition en elle-même, l'attraction devait porter ses initiales.
Soignant son entrée après celle de tous les autres, il fut difficile de ne pas le voir arriver dans la galerie, un sourire charmeur aux lèvres. Il embrassa Maria, comme si elle était une amie de longue date, et demanda expressément qu'on lui présente un maximum d'invités. Il n'était pas là pour être aimé, mais pour qu'on le remarque. Il attendait qu'on le complimente sur son travail. Il était sûr qu'hommes et femmes allaient se précipiter vers lui pour demander plus d'informations. C'était la raison même de sa présence ici. L'organisatrice fit son petit discours de lancement pour remercier tout le monde. La foule était dense et il était difficile de se frayer un chemin pour apercevoir tous les chefs-d'œuvre. Eliott et Mayssa avaient déjà vu l'exposition. S'ils arpentaient la galerie, c'était pour observer les gens. Maria leur avait donné la liste de ses invités ainsi qu'une courte description physique ou une photo de chacun. Au bout d'une dizaine de

minutes, ils virent un homme aux cheveux grisonnants qui semblait chercher quelque chose sur les murs de la galerie. Il ne correspondait à personne d'après les descriptions de Mme Szana. Par élimination, ce ne pouvait être que « lui ».

Lorsque le vieil homme trouva enfin l'œuvre qu'il cherchait, il se positionna devant, bien en évidence, comme satisfait d'un devoir accompli. Eliott s'approcha à pas feutrés de l'individu. Il contemplait le Sergin avec un air ravi.

– C'est vraiment un très joli tableau, dit-il naïvement. Je crois que c'est mon préféré de toute l'exposition.

– C'est aussi celui de Mme Szana, d'après ce que je sais, répondit l'inconnu, avec un accent étranger très prononcé.
– Vous la connaissez ?
– Non, pas du tout. Juste par connaissances interposées. Tu aimes la peinture ?
– J'adore. Je fais moi-même du dessin. Je me débrouille très bien pour mon âge.
– Ah oui, vraiment ?
– Mais bon, avant que j'arrive à faire quelque chose comme cette toile… C'est quasiment impossible.
– Rien n'est impossible. Si ç'a été fait, cela peut être refait, sourit malicieusement le vieil homme en décochant un regard à Eliott.
Dans le bruit ambiant des verres qui s'entrechoquaient et des rires qui fusaient, l'inconnu s'épancha un peu plus auprès du jeune garçon.
– Copier ce genre de tableau est un jeu d'enfant, pour moi.
– Vous seriez capable de… ?
– Continue à pratiquer le dessin. Dans quelques années, peut-être, je t'apprendrai tout ce que je sais. En attendant, ta première leçon se trouve devant tes yeux.
Sur ces quelques mots énigmatiques et pourtant bien clairs pour le garçon, ce dernier s'écarta du tableau. À l'abri des regards, il sortit son téléphone de la poche intérieure de son veston et arrêta l'enregistrement compromettant. Au loin, l'invité mystère examinait l'œuvre de plus près et manifestait quelques signes d'étonnement et de nervosité.
Quelques minutes plus tard, Lejeune, qui dégustait un petit four, manqua de s'étouffer lorsqu'il tomba nez à nez avec l'anonyme aux cheveux gris. Ce dernier semblait regagner précipitamment la sortie.
– Elemer ? Mais qu'est-ce que tu fais ici ? Il ne faut absolument pas qu'on nous voie ensemble.
– Mais qu'est-ce qui te prend ? Tu m'as envoyé un message hier, demandant à te remplacer à cette soirée d'inauguration !
– Rien de tout cela. Ce doit être une erreur. Vite, allons dehors ! On ne doit pas nous surprendre en train de parler.

– Tu l'as vu ? Le Sergin ?
À ce moment, Maria arriva dans la conversation.

– Excusez-moi, je ne crois pas vous connaître. Vous devez donc être Elemer ?

Surpris par la question, le faussaire ne répondit pas.

– Ne vous inquiétez pas, votre venue était annoncée, ajouta-t-elle avec un sourire narquois.

Au même moment, des agents de police entrèrent dans le château. Prévenus plus tôt et prêts à intervenir, ils attendaient sur le parvis qu'on leur donne le signal. Ils s'approchèrent d'Étienne et d'Elemer et leur passèrent les menottes.

– Quelle infamie ! déclara Lejeune. Se faire traiter ainsi ! De quoi m'accuse-t-on ? Je suis innocent !

Mayssa et Eliott se frayèrent un passage au travers de l'attroupement qui s'était formé autour de Maria.

– Vous êtes accusé d'avoir volontairement fourni un faux tableau à Mme Szana, expliqua la jeune adolescente. Votre complice est un excellent copiste et vous vous êtes chargé d'écouler ses imitations. Une vraie escroquerie en bande organisée.

– Quelle calomnie !

Eliott intervint au secours de son amie.

– Nous avons de quoi prouver que votre manège, bien rodé, était destiné à transformer des faux en œuvres reconnues comme vraies.

– C'est scandaleux ! Tout ceci n'est que mensonge !

– J'ai bien peur qu'il n'y ait pas grand-chose de vrai sous tout votre… attirail, monsieur Lejeune, asséna Maria.

– Vous, vous, je vous retiens… Êtes-vous en train de dire qu'il y a un faux sur vos cimaises[1] ? Que vous proposez à votre public venu en nombre une vulgaire reproduction ?

Un vent de panique commença à se répandre dans l'assistance. Étienne Lejeune desserra l'emprise des policiers pour se pencher vers Mme Szana.

[1] Cimaise ou cymaise : mur d'une salle d'exposition.

– Si je tombe, marmonna-t-il, vous tomberez avec moi.
Il se releva et fixa du regard les gens de la salle.
– Madame se débarrasse des gens gênants après avoir fait affaire avec eux ? hurla-t-il. Après avoir profité de leur petite affaire, madame compte ramasser les retombées ?
Le maire de la ville s'approcha et somma Maria de s'expliquer. Mais avant qu'elle ne puisse ouvrir la bouche, un homme grimé d'une perruque et d'une fausse moustache s'avança et enleva ses artifices.
– N'ayez crainte, l'œuvre exposée est la version que j'ai apportée. Soit la bonne.
– Vous ! cria Lejeune. Comment se fait-il ?
– Je ne suis jamais vraiment parti. Pas bien loin en tout cas. Nous avons pris le temps de tout expliquer en détail à Maria. Laquelle a pris le soin, tout naturellement, d'accrocher le vrai tableau à la place qui lui revient.
Le marchand d'art chercha son complice du regard, lui qui avait compris et tenté de l'avertir qu'un changement de dernière minute avait été opéré sur les murs du château.
Maria attrapa la main de Romain pour ne plus la lâcher. D'autres confidences avaient été effectuées dans la foulée, sans qu'elles ne concernent ni les détectives ni le moindre lecteur.

CHAPITRE 9

Le lendemain, après une soirée agitée, Eliott et Mayssa montèrent au château pour prendre des nouvelles de Maria. Romain était encore là. Tous deux arboraient un grand sourire.

– Je dois vraiment vous remercier pour votre aide, dit-elle. Sans vous, j'aurais pu avoir de gros ennuis.

– Et que dire de moi ? ajouta son amoureux. Vous m'avez sorti d'un gros pétrin. Et l'issue est plus heureuse que ce que j'espérais.

– De plus, Lejeune a été inculpé pour d'autres affaires, notamment pour abus de faiblesse. Il aurait fait signer des certificats d'authenticité à certains artistes âgés qui n'avaient plus toute leur tête et qui ne reconnaissaient plus si les tableaux présentés étaient les leurs ou pas.

– Le fameux von Dagen… murmura le jeune garçon. En fait, il ne possédait que des faux ?

– Pas exactement, reprit Maria. D'après la police, il détiendrait quelques œuvres véritables, mais qui ne serviraient qu'à endormir les clients potentiels et mieux les entourlouper ensuite. Les enquêteurs ont un dossier épais sur lui, il a trempé dans de nombreuses affaires, mais sans pouvoir être confondu. Il usait de plusieurs combines. C'est bien de l'avoir arrêté. C'était un nuisible.

– Elemer non plus ne leurrera plus de sitôt. Une aubaine que vous le connaissiez lorsque nous sommes venus vous parler du complice de M. Lejeune, ajouta Eliott.

– Je ne l'avais jamais vu. Mais sa réputation le précédait dans le milieu de l'art. Son prénom m'a fait immédiatement tiquer. Ce ne pouvait être que le fameux faussaire derrière cette histoire. Il n'y a pas beaucoup d'hommes qui ont son talent… Il est dommage qu'il emploie son coup de crayon pour tromper plutôt que pour créer. Quoi qu'il en soit, c'était un duo de choc qui avait le potentiel de duper encore énormément de monde. Merci, tous les deux, d'avoir participé à leur arrestation.

Elle s'approcha du jeune garçon.

– Eliott, ton père peut être fier de toi. Tu reprends un joli flambeau familial. Et rien ne te fait peur.

– Avec Mayssa à mes côtés, non c'est sûr, je ne crains rien et je suis capable de tout.

Romain sourit et se remémora la discussion qu'il avait eue avec les adolescents près de la fontaine.

– Avec Mayssa, hein… ajouta-t-il avec malice, après avoir échangé un regard lourd de sens avec Maria.

Comme la fois précédente, le garçon fut plus long que son amie pour comprendre l'allusion.

– Non mais, non… Je ne suis pas… Enfin, mais non ! s'embrouilla-t-il.

Il se mit à rougir tout à coup.

– Non mais ce n'est pas de Mayssa que… euh, plutôt je veux dire qu'avec Mayssa, on s'entend très bien, on est amis.

La jeune adolescente, bien que mal à l'aise, ne pouvait réprimer un sourire.

– Attends, attends… Comment ça « ce n'est pas de Mayssa que… » ? Toi, t'es amoureux de quelqu'un ? De qui ? s'empressa-t-elle de demander.

– Non, enfin, je NE suis PAS amoureux.

– D'accord, je vais mener l'enquête…

– Vous vous entendez vraiment bien tous les deux et vous vous complétez, commenta Maria. Ne perdez jamais cela.

Les deux collégiens reprirent le chemin du retour. Les vacances battaient encore leur plein, mais les enquêtes ne remplaçaient pas les devoirs.

– Tu sais, dit Eliott, j'ai vraiment cru à un moment que Lejeune était innocent. C'est un grand manipulateur.

– Moi, j'ai même eu du mal au début à croire qu'il pouvait être coupable.

– C'est plutôt chouette qu'on soit deux. Il y en aura toujours un pour rattraper l'autre.

Leurs chemins bientôt se séparèrent, en tout cas pour le moment, avant de se retrouver très rapidement. Leur amitié avait cela de sincère qu'aucun faussaire n'aurait pu la reproduire, aucun imitateur n'aurait pu la contrefaire, aucun receleur mal intentionné n'aurait pu la corrompre.

FIN

PARTIE DOCUMENTAIRE

Textes rédigés par Isabelle Pitre

La véritable histoire de **Fernand Legros** et **Elmyr de Hory**

Parmi les as de la tromperie dans l'univers de la vente et de la réalisation de faux tableaux, on peut compter sur Fernand Legros et Elmyr de Hory.

Le duo marche à merveille. Fernand Legros, né le 26 janvier 1939 à Ismaïlia en Égypte et mort le 6 avril à Chasseneuil-sur-Bonnieure, devient marchand d'art après s'être formé l'œil à l'École du Louvre. Il s'installe en France et obtient la nationalité américaine par mariage, qui prend rapidement fin. Sa nature raffinée et sa sensibilité charismatique d'ancien danseur (supposé !) de ballet et d'amoureux de la peinture lui ouvrent de nombreuses portes dans le milieu des amateurs d'art.

En 1950, il rencontre le Hongrois Elmer Hoffman, qui se faisait appeler, entre autres, Elmyr de Hory, faussaire en peinture et excellent dans l'imitation des signatures.

Les deux compères s'entendent pour monter une affaire d'escroquerie. Elle commence tout d'abord par la vente de lithographies, choses plus aisées à reproduire. Happé par le gain, Fernand Legros se lance ensuite dans la vente de faux tableaux : grâce à sa nationalité américaine et son sens des affaires, il réussit à berner de nombreux collectionneurs dont Algur H. Meadows, un géant dans l'industrie pétrolière et un célèbre amateur d'art. Au total, il parvient à écouler 44 faux tableaux.

Mais l'ambition de Fernand Legros le fait déraper en chassant trop gros. Après avoir vendu un faux Toulouse-Lautrec en 1963, il entre dans l'actualité judiciaire et médiatique. Il éveille la méfiance des acheteurs et experts qui mettent alors au jour de fausses attributions de toiles de maîtres. Le grand collectionneur Algur H. Meadows dépose une plainte, puis un juge délivre un mandat d'arrêt international. La fête est finie, semble-t-il.

Personne ne peut aujourd'hui définir le nombre exact d'œuvres vendues par l'escroc. Mais on peut retenir ses stratégies menées de main de maître.

En présentant et vendant des œuvres authentiques qu'il mêlait à des faux, les acheteurs se laissaient berner par le discours convaincant de l'homme d'affaires amoral. L'exposition de Raoul Dufy dans les salons d'un grand hôtel parisien en 1963, les galeries du Pont Royal, lui permet de réaliser l'un de ses plus jolis tours de passe-passe. Les œuvres authentiques exposées sont, après le vernissage (une réception qui inaugure une exposition) et l'impression du catalogue, remplacées par des faux durant la nuit. Le lendemain, les acheteurs ne font pas la différence. Les vraies toiles sont ailleurs, mais où ?

Encore plus fort, il utilise un complice pour obtenir des certificats d'authenticité des fausses œuvres. Le principe est le suivant : alors que Fernand Legros arrive dans un aéroport américain, son complice appelle pour dénoncer à la douane le passage du marchand avec des œuvres de maîtres (qui sont en réalité fausses). Arrêté à l'aéroport, Fernand soutient qu'il s'agit de faux. Les douaniers américains pensent qu'il affirme cela pour éviter de payer la taxe sur les objets d'art. Les œuvres sont alors récupérées par des experts à l'aéroport qui se trompent en les authentifiant comme des vraies. Banco pour Fernand ! Le marchand paye la taxe mais obtient le certificat d'authenticité voulu, lui permettant de prouver à ses acheteurs par un document officiel la valeur de ses tableaux.

Mais le renard a plus d'un tour dans son sac et sait comment se jouer des gens confiants au compte en banque bien garni. Profitant de l'âge avancé de l'artiste Kees van Dongen et de sa mémoire fragile, il lui fait authentifier un faux tableau que ce dernier pense être réalisé de sa main.

Phénomène improbable et pourtant réel, la renommée de Fernand Legros prend de l'ampleur après la révélation de ses escroqueries. Plusieurs faussaires veulent profiter de la médiatisation de ce grand carotteur. Elmyr de Hory, Réal Lessard, David Stein : tous s'attribuent le titre d'unique copiste ayant travaillé pour lui.

La longueur des procédures, les rebonds médiatiques ainsi que ses tours de génie font aujourd'hui

apparaître Fernand Legros comme un grand voleur des temps modernes.
Combien de faux ? Combien de personnes dupées ? Le mystère reste entier. Peut-être le résoudrez-vous un jour, jeunes détectives ? 😉

L'utilisation des rayons X dans le milieu de l'art
Pour les enquêteurs en herbe, voici quelques informations complémentaires sur l'utilisation d'un outil scientifique qui permet, dans certains cas, de déterminer l'authenticité d'une œuvre.

Il existe de nombreux moyens et outils d'études qui sont aujourd'hui utilisés par les experts scientifiques, conservateurs et restaurateurs d'œuvres d'art. Parmi ces outils : les rayons X. Il s'agit d'une lumière invisible, capable de traverser la matière. Plus la matière est dense et plus le rayonnement est atténué.

Les images radiologiques obtenues grâce à cette forme de rayonnement électromagnétique (constitué de photons) permettent de découvrir diverses informations sous les couches de la peinture. Par exemple, il est possible de distinguer un repentir[2] ou un dessin sous l'œuvre.
L'utilisation des rayons X n'est pas systématique, mais elle peut être envisagée pour observer ce qui n'est pas visible à l'œil nu. En ouvrant le champ des investigations à l'aide d'une ou plusieurs radios, les informations révélées peuvent parfois constituer une aide précieuse lorsqu'un doute persiste sur l'authenticité d'une œuvre.

2. Repentir : terme qui désigne une modification importante réalisée par le peintre sur sa toile.

ISBN : 9782358323505

Éditions Palette...
15 boulevard Bourdon, 75 004 Paris

Maquettiste : Laura Lebouc

Imprimé en Turquie par ElmaBasim
Dépôt légal : septembre 2022
Loi n° 49-956 du 16 juillet 1949 sur les publications destinées à la jeunesse.